Maga[illegible]

LES SAISONS DE MA VIE

Le parcours d'une apprentie

Salut Marie-Josée,
Je souhaite qu'au travers
de ces pages, non seulement
Tu trouves ta voix, mais
également la motivation de
sortir tout ce qui est en toi
Avec mon affection
[illegible]
514 458 3085

Magali Ngalula
Les saisons de ma vie
Autoédition

Mise en page : François Messier

ISBN 978-2-9819961-0-7

Dépôt légal
Bibliothèque et Archives nationales du Québec
Bibliothèque et Archives Canada

Imprimé au Canada

Préface par Joel Mbenza :

Magali a plusieurs qualificatifs, mais s'il faut en choisir une, je dirais une «passionnée», elle a un amour assez prononcé pour les mots. Elle les mange et sait les manier avec dextérité. Quand elle met une pensée, une réflexion, ou tout autre chose venant de sa tête en écris cela veut dire qu'elle a réfléchi des milliers de fois. Avec ce premier ouvrage, et non le dernier, Magali vous ouvre la porte de son cœur, de son imaginaire, de sa vision du monde et de sa dévotion pour son Créateur, dont elle voue une passion non cachée. Alors je vous invite à entrer et à découvrir cet univers merveilleux qu'elle a le don de nous plonger avec sa plume... Bonne lecture à tous.

Automne

1. Le changement

Le changement est un processus qui demande beaucoup de courage ;

Le changement est un processus qui demande beaucoup de sacrifices ;

Le changement est un processus qui demande beaucoup de patience ;

Il ne suffit pas de vouloir changer pour que cela soit possible ;

Il ne suffit pas de le souhaiter pour que le changement arrive ;

Il ne suffit pas de prier ou d'y croire pour que cela se produise ;

Le changement demande une action, une réaction et une décision ;

Avant que ce processus s'enclenche, il faut une réflexion ;

Avant de vivre ce processus, il faut une prise de conscience ;

Je me questionne : pourquoi une personne désire-t-elle le changement ?

Peut-être par ce que rien ne fonctionne tel que souhaité ;

Peut-être parce qu'on ressent une insatisfaction ;

Peut-être parce qu'il y a un manque quelque part ;

Il y a deux sortes de changements, tout dépend de nos actions ;

Pour que ce changement s'installe, il faut une décision ;

Dans la vie, rien n'arrive par hasard, tout a un but, une raison ;

Le changement n'accepte aucune excuse ;

Le changement ne respecte personne ;

Le changement arrive que l'on soit acteur ou figurant;

Tout changement a une source et un trajet;

Le Changement arrive sans nous prévenir;

Le changement est le processus qui te tient à cœur en ce moment;

Ce processus est entre tes mains, c'est à toi de décider;

Vérifie bien ta source et ta cible;

Le changement n'est pas mauvais si elle a pour source le bien;

Le changement n'est pas impossible, mais ça demande du courage;

Le courage d'admettre que quelque chose ne va pas;

Le courage de se remettre en question;

Le courage d'accepter la différence;

Le courage d'admettre qu'on a tort;

Peu importe ce que tu vis;

Le changement n'est possible que :

Lorsque tu reconnaîtras que tu en as besoin;

Tant que tu ne réalises pas que :

Le problème et la solution n'ont qu'un dénominateur commun : toi;

Le changement ne cognera pas à ta porte;

Le changement n'est pas juste un concept;

Le changement c'est une personne;

Le changement demande du courage;

Oseras-tu tenter le tout pour le tout?

Oseras-tu accepter le changement?

2. Ce que je vis!!!

Ce que je vis, je ne peux te l'exprimer!
Ce que je vis, je peux te faire comprendre!
Ce que je vis, est plus fort que tout!
Ce que je vis, je ne le comprends moi-même!
Même si je te l'expliquais, ce ne serait que des mots!
Et si je te le disais, tu me prendrais pour une folle!
Ce que je vis, je ne peux le contenir!
Cette relation me permet de m'épanouir!
Cette relation me donne de l'espoir!
Cette relation me donne la joie!
Cette relation me donne la paix!
Est-ce que tu comprends?
Comment peux-tu comprendre?
Quelque chose que tu n'as pas encore connu?
Ce que je vis est plus que des paroles dans un livre!
Ce que je vis est réel!
Ce que je vis, personne ne peut me le donner!
Ce que je vis est tellement fort!
Ce que je vis, c'est un amour inconditionnel!
Ce que je vis, c'est une force perpétuelle!

3. Si je vis!!!

L'Espoir se trouve en toi, avec tout ce que je suis,
Je viens à tes pieds me prosterner;
Tout ce que je désire, c'est plus de toi;
Tout ce que je veux, c'est de demeurer dans ta présence;
Si je vis, c'est pour cette vérité;
Si je vis, c'est pour avoir plus de toi;
Quand bien même j'ai des diplômes,
Quand bien même les gens m'apprécient,
Si tu n'es pas avec moi, cela ne sert à rien;
J'ai aimé des gens plus que toi,
J'ai mis certaines personnes avant toi,
J'ai fait de certaines choses des priorités;
Aujourd'hui, je dis au revoir;
Aujourd'hui, je laisse tout cela;
Aujourd'hui, tout ce que je veux,
Aujourd'hui, je pleure, je crie, je hurle,
Je hurle pour plus de ta personne;
J'agonise pour plus de ta vie en moi;
Laisses que ta présence soit toujours en moi ;
Car, si je vis c'est pour être comme toi;
Si je vis, c'est pour te voir face à face;
Si je vis, c'est pour faire ta volonté;
Par ces paroles, je t'adore, par mes sentiments je t'exalte;
Descends dans ma vie et prends la place qui te revient;
Je me remets totalement à toi;
Nul n'est comme toi, nul ne pourra jamais m'aimer comme toi;
Toi et moi, c'est pour la vie!

4. Qui suis-je ?

Les gens disent : tu es froide,
Les gens disent : tu es méchante,
Les gens disent : tu ne sais pas parler !
À force, j'ai fini par y croire !
Je me suis donné cette identité !
J'ai demandé à des gens comment ils me trouvaient ?
Les gens ont dit : tu dis toujours ce qu'il ne faut pas !
Les gens ont dit : tu es laide !
Les gens ont dit : tu ne réussiras jamais !
Les gens ont dit : tu es orgueilleuse !
Tout cela m'a brisé toute ma vie !
Mon visage a souvent été dans la joie,
Mais mon cœur dans beaucoup de peine !
Un jour, j'ai fléchi mes genoux !
J'ai demandé à Dieu :
Qui suis-je ? est-ce vrai que je suis tout cela ?
Alors il me répondit :

- Qui t'as créé ?
- Toi mon Dieu, lui répondis-je !
- Qui est le maître de la vie ?
- Toi, mon Dieu !

Ces gens-là, quand tu pleures,
Savent-ils seulement pourquoi tu pleures ?
Savent-ils pourquoi pendant longtemps ton cœur a été brisé ?
Quand tu tombes sont-ils là pour te relever ?

J'ai répondu, Non à toutes ces questions!
Moi qui t'ai créé, je t'ai choisi et établi!
Ce qui veut dire que je sais ce que j'ai mis en toi!
Tu veux savoir qui tu es?
C'est simple :
Tu es mon enfant et je t'aime!
Quand tu as besoin de moi, je suis auprès de toi!
Alors j'ai compris une chose :
Je suis ce que Dieu dit que je suis!

5. Quand j'étais petite !!!

J'ai souvent cru que pour être une bonne personne,

Il fallait être aimé de tout le monde !

J'ai souvent cru que répondre toujours présent quand les gens m'appellent,

Les rendrait présent quand moi je les appellerais !

J'ai souvent cru qu'aimer les gens, ferait qu'ils m'aiment aussi !

J'ai souvent mis les autres au-devant de ma propre personne !

Est-ce mal ? me suis-je demandé !

On m'a répondu non, tout cela est bon !

Alors pourquoi j'ai souvent le cœur brisé ?

Alors pourquoi les gens ne me rendaient pas l'amour et la disponibilité ?

On m'a répondu, parce que souvent les gens ne rendent pas le bien !

Alors, j'ai commencé à faire un examen de conscience !

Quand j'étais fidèle, on me trahissait !

Quand j'étais là pour les gens, je me retrouvais seule !

J'ai souvent cru que c'était moi le problème !

Alors, il fallait que je change pour les gens !

Mais malgré cela, rien ne changeait !

Alors que faire ?

Se renfermer, s'isoler, se défouler ?

Cela fonctionne un laps de temps,

Jusqu'au jour où tu te lèves et tu regardes dans le miroir !

Le reflet que le miroir te projette ressemble à une étrangère!

Alors tu te demandes qui tu vois?

Alors tu te demandes comment tu as pu en arriver à ça?

Arriver à un cœur de pierre,

Arriver à te conformer aux autres,

Arriver à croire à des choses que tu renies?

Arriver à mener une vie sans fondements sincères!

Malheureusement, on ne m'a pas donné de réponse!

J'ai alors décidé de ne plus croire en l'être humain!

Heureusement que Dieu est venu à ma rescousse,

Il m'a dit qu'il m'aimait et me montrerait à aimer vraiment!

J'ai alors pris conscience que vivre ne voulait pas toujours dire survivre!

Il m'a donné ce que je recherchais quand j'étais petite, être aimé fidèlement!

6. Ce que j'ai !!!

Il est souvent dit qu'un homme ne peut donner que ce qu'il a !!
Quand tu grandis dans l'hypocrisie, c'est ce que tu donneras !
S'il s'agit du mensonge, tu mentiras toute ta vie !
On dit également que l'homme n'est pas mauvais,
C'est la société qui le rend comme ça !
Je ne suis pas d'accord avec cet adage,
Si tu as de bonnes bases dans la vie, tu es bien partie !
Si c'était la société qui nous rend mauvais,
Alors la même société a aussi la capacité de nous rendre bons !
Dans ce cas-là, je me questionne de la place de Dieu ?
Moi aussi je disais, je suis une bonne personne, mais les situations…
Penser de cette manière est un grand mensonge ;
Quand j'ai donné ma vie à Christ,
J'ai réalisé que j'avais le choix ;
J'avais le choix de continuer à être bonne, malgré les situations ;
Quand les situations te dépassent, tourne-toi vers Christ et non l'homme !
L'homme est juste comme toi !
L'homme ne sait pas plus que toi !
L'homme est limité comme toi !
L'homme ne peut imaginer ce que tu vis !
L'homme ne peut voir et ressentir ce qui est en toi !
La société ne peut te rendre comme tu es !
Les gens ne peuvent faire de toi qui tu es !
C'est toi qui ouvres la porte à des maux inutiles !
Il y en a un qui a la solution à tes problèmes !
Celui qui sait ce que tu ressens mieux que toi-même !

7. Je veux réussir !!!

Je suis plutôt une fille déterminée !
Quand je veux quelque chose,
Je fais tout ce qu'il faut pour l'obtenir ;
Et bien souvent, je finis par l'obtenir ;
Les gens disent que c'est de l'arrogance ;
Non, ce n'est pas de l'arrogance,
Quand quelque chose te tient à cœur,
Tu vas tout faire pour l'obtenir ;
Je me pose une question :
Pourquoi faisons-nous ça pour des choses incertaines ?
Longtemps, j'ai voulu réussir comme tout le monde !
C'est bien, mais ce n'est pas éternel !
C'est bien, mais cela t'attire forcément des problèmes !
Alors, j'ai essayé avec Dieu :
J'ai décidé de réussir selon Lui ;
Avec lui :
Tout ce que tu touches prospère ;
Tu gagnes une paix, une tranquillité ;
Tu gagnes la joie, tu deviens meilleure ;
Alors que choisis-tu ?

Hiver

8. J'ai besoin de toi !!!

Quand je regarde autour de moi,
Ma vie est bien, j'aime ce que je regarde dans le miroir !
La femme que Dieu travaille,
Le reflet de cette femme que ce Dieu-là prépare brille !
Je ne me vante pas, j'aime juste qui vit en moi,
Pourquoi ?
Parce que peu importe mon apparence,
Lui seul sait trouver une manière de me rendre belle !
On a souvent une manière de se percevoir,
Il y a également la manière dont on est perçu !
L'humain regarde toujours à l'apparence !
Mais Dieu lui, regarde au cœur !
Cette phrase m'a toujours fasciné !
Alors je lui ai demandé de m'expliquer :
— Ne te fie pas à ce que tu vois d'une personne, me dit-il !
— Ne juge pas les gens par rapport à leurs apparences et comportements !
Tu vois, souvent une personne qui est sincère et honnête…

9. Ta présence dans ma vie !!!

Je croyais que j'étais seule,

Je croyais que je ne pouvais surmonter les problèmes !

Je croyais qu'il fallait absolument que j'aie une sensation pour te sentir ;

Je croyais que c'est lorsque tout va bien que cela signifiait que tu étais là ;

Et qu'il fallait toujours que je fasse ce qu'il faut pour que tu m'aimes ;

Je me disais qu'avoir des difficultés était signe de faiblesses,

Comment peut-on être entouré de gens et se sentir aussi seul ?

Comment quelqu'un peut-il dire qu'il t'aime et t'abandonner ?

Comment autant de problèmes peuvent arriver à une seule personne ?

Souvent quand quelque chose de dure, d'insupportable arrive,

J'analyse les choses et je me dis :

Qu'ai-je pu faire pour mériter tout cela ?

Qu'ai-je dit pour avoir une conséquence pareille ?

Alors j'ai regardé autour de moi et j'ai commencé à trouver des solutions ;

J'ai commencé à me tourner vers l'humain ;

J'ai commencé à trouver des substituts à mes problèmes,

Tellement je voulais que cela arrête,

Tellement je voulais que cette douleur disparaisse ;

Il y a une phrase qui dit :

«C'est lorsque tu souffres que tu sais que tu es en vie»
J'ai longtemps tourné en rond à cause du même problème,
Alors petit à petit,
J'ai commencé à prier pour ce qui me dérange;
J'ai commencé à prier pour ce qui me tourmente;
J'ai commencé à prier pour ce qui me brise;
J'ai remarqué que dès que j'ai commencé à m'ouvrir à lui :
Je me sentais mieux, je ne comprenais pas, mais j'aimais;
Je ressentais une paix et une joie;
Alors c'est devenu clair, C'est ta présence qui fait tout cela...

10. L'homme de ma vie !!!

Depuis qu'il est dans ma vie,
Tout en moi que n'est que grâce ;
Depuis qu'il est dans ma vie,
Je ne me soucie plus de rien,
Il a complètement changé ma perception des choses ;
Il a complètement transformé mon cœur ;
Transformé mon cœur pour aimer ;
Pardonner, comprendre et compatir ;
Les gens qui t'aiment ne sont pas toujours ceux qui te le disent ;
Les gens qui t'aiment, ne feront pas des choses extravagantes,
Les gens qui t'aiment, connaissent ta simplicité ;
Les gens qui t'aiment, savent comment te toucher ;
Les gens qui t'aiment, savent ce qui est bien pour toi ;
Les gens qui t'aiment, te comprennent ;
Oui, depuis qu'il est dans ma vie, tout en moi n'est que grâce ;
Je ne suis plus la même ;
Il m'a rempli de son amour ;
Il m'a donné un sourire, une paix, une joie ;
L'homme de ma vie ne se lasse jamais de m'écouter ;
L'homme de ma vie ne se lasse jamais de me parler ;
Il me donne un amour inconditionnel ;
Qu'ai-je pu faire pour qu'il me donne tout cet amour ?
Tout ce que je sais, c'est que je saisis chaque instant dans sa présence ;
Tout ce que je sais, c'est que jamais je ne veux que cela cesse ;

11. Je t'aime!!

Comment un être si extraordinaire,
Comment un être aussi exceptionnel,
Comment un être remplie d'autant de tendresse,
Comment un être remplie d'autant de bonté,
Comment un être aussi miséricordieux,
Comment un être aussi beau,
Comment un être aussi magnifique peut prendre le temps de m'aimer;
Comment il peut être aussi patient, compatissant et incroyable;
Comment un être comportant de tels qualificatifs puisse penser à moi;
Tu es celui qui me connaît;
Tu es celui qui, même quand je ne m'aime pas, toi tu m'aimes;
Tu es celui qui me console, me donne la joie;
Tu es celui qui répond toujours à mes cris;
Tu me rends toujours le bien même quand moi je te rends le mal;
Quand je fais quelque chose que tu n'aimes pas,
Tu ne me tournes jamais le dos;
Je ne suis pas parfaite, mais pour toi je le suis;
Je ne sais pas tout, je n'ai pas tout, je ne possède pas tout,
Mais heureusement, tu es dans ma vie,
Mais heureusement, tu vis en moi,
Mais heureusement, tu m'apprends, m'instruis et me forme;

J'étais la fille insensée qui était le chagrin de sa mère,
J'étais la fille insensée qui renversait ce que je bâtissais;
Jusqu'au jour où je suis tombée amoureuse de toi;
Je résistais à ta présence parce que j'avais peur;
J'avais peur d'être déçue, brisée;
J'avais peur de ce que les gens diraient si je déclarais cet amour;
Alors tu m'as dit :
Je t'aime, je prends soin de toi;
Jamais je ne t'abandonnerai jamais, je ne te délaisserai pas;
Aujourd'hui, je n'ai pas peur de dire que je t'aime!!!

12. Aimer!!!

Dieu est amour,

Il me demande de l'aimer de toute mon âme et de tout mon être ;

J'ai dit : oh c'est facile, ça !

Il me dit : tu crois ?

Il me demande aime ton prochain comme toi-même ;

J'ai dit : okay, il n'y a pas de problème ;

Il me redit : tu en es sûre ?

Là, je me questionne : qu'est-ce qu'il y a ?

Il me dit :

« Quand tu dis aimer quelqu'un, tu dois tout accepter »

« Souvent cette personne va savoir comment te briser »

« Souvent cette personne va savoir comment te tester »

« Souvent cette personne pendant un instant deviendra ton pire ennemi »

Mais tu dois pardonner parce que tu prétends aimer cette personne ;

« Souvent cette personne sait lire dans tes yeux »

Cette personne peut te rejeter sans aucune raison ;

Mais toi tu dois rester là et avoir quand même :

Les bras ouverts quand elle reviendra vers toi,

Cette personne va même te haïr,

Mais toi, montre-lui de l'amour,

Cette personne parlera contre toi, se moquera de toi,

Mais toi quand elle tombe, aie compassion pour elle,

Cette personne va souvent être la seule à savoir comment :

T'encourager et te décourager ;
Mais toi, garde espoir !
Après tout cela, je me suis rendu compte d'une chose :
Aimer ce n'est pas facile, ça demande énormément !

13. Ton Amour!!!

Il est écrit :
«Tu as tant aimé le monde que tu as donné ton fils
Unique afin que quiconque croit en toi ne périsse point,
Mais ait la vie abondante»
Il est écrit :
«L'homme voit à l'apparence, mais toi tu vois le cœur»
Toi qui connais toutes choses,
Toi qui sondes les cœurs et les reins,
Toi qui connais le cœur mieux que nous,
Toi tu ne fais aucune discrimination,
Toi tu m'as aimé avant même que je sois,
Tu as donné ce que tu avais de plus cher
Pour que je puisse avoir tout ce que je veux;
Une fois je t'ai demandé :
«Puis-je t'aimer plus que toi tu ne m'aimes?»
Tu m'as dit que c'est impossible;
Tu m'aimes quand je te tourne le dos;
Tu m'aimes même quand je murmure contre toi;
Tu m'aimes même quand je ne suis pas aimable;
Aimer c'est pardonner,
Aimer c'est de voir le bon chez quelqu'un en dépit de tout;
L'amour n'a aucun intérêt;
Je dois t'aimer même quand tu ne fais pas ce que je veux;
Tu ne fais rien comme moi je veux;
Je dois t'aimer pour qui tu es;

Je dois simplement t'aimer ;
Je dois aimer sans faire exception ;
Ton amour est le lien le plus sacré que j'ai avec toi ;
Ton amour m'a transformé considérablement ;
Ton amour m'a tout simplement donné la vie !!!

14. Sa présence

Depuis mon enfance,
J'ai toujours su que tu étais là ;
Bizarrement, j'ai toujours eu pleins d'amis ;
Mais ce n'est pas eux qui me comblaient ;
Entouré, je me sentais incompris ;
Bien souvent,
C'est lorsque je me retrouvais sans aucune présence extérieure que je me sentais bien ;
Être avec d'autres personnes finalement ne dure pas longtemps ;
Quand on réfléchit bien ;
Tes amis d'école,
Ne sont que pour un cadre et un temps précis ;
Tes collègues de travail pareil ;
Maintenant, ceux que tu nommes amis intimes,
Même eux, tu ne les vois pas souvent ;
Peut-être deux ou trois heures tout au plus ;
Comment déverser tout ce que tu as à dire ?
Si tu es dans mon cas,
Que t'exprimer n'est pas trop ton fort,
Tu passeras ton temps à écouter ;
Je me souviens depuis mon enfance,
J'ai vécu des choses traumatisantes,
Mais j'avais toujours cette présence si merveilleuse, encourageante ;

Cette présence me disait de ne pas m'inquiéter, que je m'en sortirais;

Étrangement, j'avais l'impression d'être dans les bras d'un Père aimant;

Un Père aimant qui me prenait dans ses bras;

Je me sentais tellement forte que je pouvais tout conquérir;

À ce moment-là, rien ne pouvait m'arrêter;

C'est là que je réalise que tu as toujours été là pour moi;

J'ai réalisé que c'est moi qui t'ai abandonné;

Je réalise alors l'immensité de ton amour dans ma vie;

Ta présence ne peut être comparée à aucune autre;

J'aime ta présence...

Printemps

15. Ma force !!!

J'ai souvent minimisé qui tu es,
Je t'ai souvent mis dans une boîte !
J'ai souvent cru que j'y arriverais seul !
Je n'ai jamais compris le don que j'avais !
Je n'ai jamais réalisé qui tu étais réellement !
Je n'ai jamais compris que je ne suis jamais seul !
J'ai compris la phrase qui dit :
« Ce n'est ni par votre force, ni votre puissance,
Mais par mon Esprit »
J'ai compris quel don tu étais !
J'ai compris quel cadeau j'avais !
Je n'avais jamais réalisé qui tu étais avant aujourd'hui !
Je n'avais jamais rencontré quelqu'un comme toi !
Un être si extraordinaire, si exceptionnel, si unique !
Je croyais me connaître, mais tu me connais encore mieux !
Je croyais savoir ce qui était bon pour moi,
Mais toi tu le sais encore mieux que moi ;
Tu es si bon pour moi, tu es là avant que je ne t'appelle ;
Tu me donnes la joie, quand je suis triste ;
Tu m'encourages quand je suis abattue ;
Tu es tout simplement là !
Tu touches mon cœur et ma vie d'une manière incomparable !
Tes mots percent mon cœur comme une épée !
Ta présence met de la couleur dans ma vie !

Ta présence me donne la vie !
Entre tes mains, je suis en sécurité !
Entre tes mains, je suis forte !
Entre tes mains, je m'abandonne !
Mon compagnon de tous les jours !
Mon ami fidèle que j'aime tant !
Ne me quitte jamais, j'ai tant besoin de toi !!!

16. Mes pensées!!!

Depuis ma tendre enfance,
J'ai une idée préconçue de ce que doit être ma vie!
Depuis aussi longtemps que je me souvienne,
J'ai toujours imaginé les choses à ma manière à moi!
J'ai toujours exposé à Dieu ce que mon cœur désirait,
Puisqu'il exauce les désirs de nos cœurs;
Je ne voulais que des choses simples;
Alors j'ai tout essayé par mes propres forces;
J'ai commencé à me créer ma vie;
J'ai mis les autres en premier;
Je me suis demandé une chose :
Est-ce mal de vouloir être entouré?
Il m'a répondu que non c'est tout à fait normal;
Le problème ce sont les voies que tu empruntes qui ne sont pas bonnes;
Donne à ceux qui ne te demandent rien,
Aime ceux qui te méprisent et te critiquent,
Et surtout, mets-moi en première place;
Je compris alors que mes pensées étaient bonnes,
Mais, je devais suivre ce que Lui me disait,
Et non faire selon moi!

17. Ne me lâche pas !

Dans ce tourbillon d'émotions, toi tu es ma lumière ;
Dans ce tourbillon d'incertitude, tu es mon assurance ;
Dans ce tourbillon de peur, tu es ma force ;
Si tu savais ce que ton amour signifie pour moi,
Si tu savais combien cet amour m'a redonné des ailes ;
J'ai l'impression d'être au ciel,
J'ai l'impression que je peux tout accomplir ;
S'il te plaît, ne permet pas que je perde mon temps ;
Car ce temps est le tien ;
S'il te plaît ne permet pas que je m'égare ;
Affermis mes pas, affermis ma foi ;
Apprends-moi à prendre les décisions avec sagesse ;
Permets-moi d'être vrai, sans mascarade ni masque ;
Permets-moi de dire la vérité sans compromis ;
Permets-moi d'être qui tu veux que je sois et non,
Ce que je veux être, non ce que les gens veulent de moi ;
Dans ma vie, sois mon fidèle conseiller ;
Dans ma vie, sois mon meilleur ami ;
Ne me lâche pas, ne t'éloigne pas de moi ;
Quand tu es avec moi, je vois clair, j'aime avec compassion ;
Quand tu es avec moi, j'ai la paix, la force et la joie ;
Je ne supporte pas les mensonges,
Je ne supporte pas l'égoïsme, etc....
Mais toi, tu me dis que l'amour supporte tout ;
Alors apprends-moi parce que sans toi,

Je ne veux pas aimer, ça fait trop mal ;

Je ne veux faire confiance à personne, ça brise ;

J'ai mis une muraille autour de moi afin que personne n'y entre,

Mais tu m'as dit qu'en fait, c'est moi qui ne sortais pas ;

Tu écroules cette muraille, mais de grâce, préserve mon cœur ;

Fais ce qu'il faut, j'ai confiance ;

Parce que ton amour me reconstruit et me restaure ;

Je veux t'aimer et aimer les gens autour de moi ;

Avec sincérité de cœur, si tu me lâches, je n'y arriverai pas ;

Si tu me lâches, je vais faillir, Si tu pars, je sombre ;

Tu es mon chemin, ma vérité et ma vie !!!

18. Mes larmes !!!

On pense souvent que les mots expriment les choses ;
Je ne pense pas que c'est vrai !
Il y a plusieurs formes d'expressions ;
Entre autres, les larmes ;
Ça peut être de joie, de tristesse, de peur, etc.
Beaucoup de choses se bousculent dans ma tête,
Mais rien n'en peut sortir à part des larmes ;
Même lorsque j'éprouve une grande joie,
Je ne trouve plus de mots assez forts ;
Rien ne semble assez fort, tout ce que j'ai ce sont mes larmes ;
Ces larmes sont mon réconfort ;
Tout semble tellement grand et intense en moi ;
Que rien ne peut décrire ce que je vis car ça me dépasse ;
Tout ce que je peux t'offrir ce sont ces larmes ;
Je vis des choses qui me laisse impuissante ;
Je t'aime Seigneur de tout mon cœur ;
J'espère que tu le sais et que je te le montre ;
Ces temps-ci tout ce que j'ai pour toi ce sont des larmes ;
Des larmes de joie pour tes bienfaits ;
Des larmes de peur, parce que je ne contrôle rien ;
Des larmes de tristesse parce que des fois je me sens seul ;
Tout ce que je peux exprimer ce sont des larmes ;
Sache que mes larmes décrivent ce que je ressens pour toi ;
Je prie que ces larmes s'intensifient ;

19. Courage !!!

Ce qui ne te tue pas te rend plus fort !

Tant que tu vis, il y a encore de l'espérance ;

Tant que tu respires, tu peux tout faire ;

Persévère encore, ne laisse pas les pensées négatives t'environner ;

Ne laisse pas les circonstances diriger tes pas ;

Ne laisse pas ton entourage dicter ta conduite ;

Ne laisse pas les mauvaises langues te freiner ;

La seule personne qui en souffre c'est toi ;

Tu le sais, je le sais et Lui aussi le sait ;

Même si tout semble noir,

Tu as cette impression que plus jamais tu ne riras comme autrefois,

Tu as cette impression que plus jamais tu ne respireras comme avant,

Maintenant c'est peut-être vrai,

Mais est-ce que la personne que tu étais il y a un an est la même ?

Ne blâme pas les gens autour de toi, cela dépend de toi ;

Ne blâme pas les circonstances, ne jalouse pas celui qui réussit ;

Entre dans ton cœur, tout se trouve là !

La solution se trouve dans ton cœur,

Il est dans ton cœur, il te souffle maintenant quelque chose,

Est-ce que tu entends ? Ou tu es trop submergé par tes problèmes ?

Arrête tout et écoute… Il souffle un doux murmure !

Ce doux murmure qui t'apporte maintenant la paix,
Qu'est-ce que cela te fait?
N'est-ce pas magnifique comme sentiment?

20. Crois Seulement!!

Tu es venu sur cette terre pour moi,
Tu es venu sur cette terre pour me sauver ;
Tu es venu pour me montrer la voie à suivre ;
Il est écrit :
«Car la prédication de la croix est une folie
Pour ceux qui périssent, mais pour nous qui sommes
Sauvés, elle est une puissance»
C'est qui «nous» qui sommes sauvés ?
Pourquoi une puissance ?
Parce que lui qui était riche, est venu s'appauvrir pour toi ;
Parce que lui qui était grand, s'est fait petit pour toi ;
Parce que lui qui avait tout, t'a tout donné ;
Quand quelqu'un te donne sans rien demander en retour,
Quel sera ton sentiment envers cette personne ?
Tu seras reconnaissant, tu aimeras cette personne n'est-ce pas ?
Tout ce que cette personne te demandera, tu feras !
Tout ce que cette personne te dira, tu croiras !
Tout ce que cette personne te demandera, tu donneras !
Maintenant, je te pose une question :
Y a-t-il quelqu'un dans ta vie qui est mort pour toi ?
Cette personne n'est pas ta mère ou ton père !
Ce que lui a fait, personne ne peut le faire pour toi ;
Et tout ce qu'il te demande c'est croire :
Crois qu'il t'aime,
Crois qu'il ne t'abandonnera jamais ;

21. Humilité !!!

Ce message est un apprentissage perpétuel pour moi,

Mais j'espère pouvoir le transmettre dans son entièreté ;

J'espère que je serais compréhensible ;

Moi aussi j'apprends encore ;

Dans ma vie, j'ai toujours cru que j'étais humble,

J'ai toujours cru que ne pas me vanter ferait de moi une personne humble ;

J'ai toujours cru que reconnaître que tu as tort ferait de toi quelqu'un d'humble ;

Mais depuis que je suis avec le Seigneur, j'ai compris que :

Ce n'est pas de ça qu'il parlait par recherchez l'humilité ;

Il m'a appris l'humilité au travers de mon entourage ;

Avant, j'étais très orgueilleuse ;

Si j'avais raison et que tu discutais avec moi,

J'allais te faire comprendre que j'avais raison ;

Ce n'était jamais moi qui faisais les premiers pas pour m'excuser ;

Avant, mes sentiments prenaient le dessus ;

Avant, mon confort comptait beaucoup ;

Avant, tu me faisais du tort, je te laissais partir ;

Avant, tu m'embêtais, je m'en foutais ;

Il m'a montré que ce n'était pas bien de faire ça ;

Il m'a montré que lui qui n'avait rien fait de mal, on l'a insulté ;

Il m'a montré qu'il a tout accepté pour moi ; J'ai réfléchi et je réfléchis encore ;

C'est quoi être humble?

C'est de reconnaître ses faiblesses et de travailler pour changer;

C'est de vivre dans la simplicité;

Été

22. J'ai confiance !!!

Ce mot a l'air si simple, mais pourtant très profond !
Souvent je disais que j'ai confiance en Dieu,
Mais c'est quoi avoir confiance en Dieu ?
Que veut dire tout d'abord avoir confiance ?
Souvent on pense avoir confiance aux gens,
Mais ce n'est pas le cas !
Quand tu dis avoir confiance en quelqu'un,
Il y a quelque chose qu'il faut comprendre,
Avoir confiance en quelqu'un ce n'est pas de douter de cette personne ;
Ce qui veut dire que tu peux tout lui dire sans problème !
Avoir confiance en quelqu'un c'est être sûre que quand
Tu as besoin de cette personne, elle sera là ;
Cela veut dire que tu as besoin d'elle,
Tu fais appelle sans hésiter à cette personne !
Ce qui veut dire que lorsque tu es dans la tristesse,
Tu dépends des paroles ou gestes que cette personne va poser pour t'aider ;
Avoir confiance en quelqu'un,
Ça veut dire que peu importe ce qui se passe,
Même si tu ne me donnes pas ce que je veux tout de suite,
Je reste là auprès de toi, je crois en toi !
Avoir confiance en quelqu'un c'est de s'ouvrir totalement en cette personne ;
Avoir confiance en quelqu'un c'est de savoir que,
Même dans les tempêtes les plus dures de ta vie,

Cette personne sera toujours là!

C'est de ne jamais douter de sa présence dans ta vie!

Alors j'ai réfléchi :

Rares sont les gens dans ma vie,

À qui je peux dire j'ai confiance en eux!

Rares sont ceux envers qui j'ai crié et ils ont tendu leurs mains!

Rares sont ceux que je cherchais dans ma plus sombre détresse et et qui m'ont répondu;

Rares sont ceux qui gardaient ce que je leur confiais pour eux!

Rares sont ceux qui dans mes moments de faiblesses,

Ne s'en servaient pas contre moi;

Alors j'ai demandé à Dieu :

Comment puis-je faire confiance à quelqu'un sur cette terre?

Il a dit qu'il en a voulu ainsi;

Parce que je les mettais avant lui;

Peu importe ce que tu traverses, tu n'en mourras pas;

J'ai osé le faire confiance et je ne regrette pas un instant!!!

23. Le Sacrifice !!!

Je me suis souvent demandé que voulait dire ce mot?
En pensant à l'œuvre de la croix,
Il est écrit : Le Seigneur est mort pour moi ;
Qu'est-ce que cela veut dire ?
Il s'est fait pauvre pour que je sois riche
Par ses meurtrissures je suis guérie,
Par sa mort, j'ai la vie ;
Par sa résurrection, j'excelle dans ce que je fais en son nom ;
Qu'est-ce que cela lui a apporté à lui ?
Alors j'ai réfléchi...
Comment lui rendre ce qu'il a fait pour moi ?
Cela semble tellement impossible !
Alors, il me demanda :

- Tu es sportive, n'est-ce pas ?
- Oui,
- Pour arriver à un objectif, que fais-tu ?
- Je travaille fort, je m'impose des disciplines ;
- Mais encore,
- Je me privais souvent de certaines choses afin d'être parfaite ;
- Continue...
- Je donnais toujours le meilleur de ce que j'avais ;
- Alors, tu vois, tu as fait tous ces sacrifices pour ton sport ;
- C'est vrai !
- Juste pour performer, tu faisais des sacrifices ;

Tout ce que je veux, c'est ta disponibilité ;

Tout ce que je veux, c'est ton obéissance ;

Tout ce que je veux, c'est ta fidélité ;

Mais le plus important, que tu m'aimes plus que tout

Peut-être que pour toi, ce n'est pas le sport,

Mais certainement, il y a quelque chose qui prend beaucoup de place ;

C'est exactement ce à quoi tu penses, c'est le sacrifice qui t'est demandé !!!

24. La douleur!!!

Un enfant qui se marie;

Un enfant qui quitte la maison familiale;

Ces évènements évoquent plusieurs sentiments;

La naissance d'un enfant apporte;

Tout d'abord la douleur, ensuite la joie;

Souvent on dit que c'est lorsqu'on a mal que l'on sait qu'on est en vie;

Est-ce vraiment à cela que tout se résume?

Souffrir, pleurer, rire, vivre, mourir et naître?

Souvent je me demande s'il n'y a pas plus;

Nous sommes tellement préparés au pire,

Que nous oublions de nous préparer au meilleur;

Pendant longtemps, j'ai toujours regardé derrière mon épaule;

J'ai longtemps appréhendé ce qui m'attendait;

Quand tu passes à côté de la mort,

Tu réalises que la douleur que nous pensons vivre n'est rien;

Nous définissons la douleur par le manque;

Lorsque je n'obtiens pas ce que je veux,

Cela crée en moi une insatisfaction;

Cette insatisfaction crée une frustration,

Cela engendre une colère ce qui aboutit à la douleur;

Mais en réalité, la douleur est un état d'esprit;

Nous ressentons ce sentiment par rapport à ce qui nous tient à cœur;

Avant, il y avait des choses que je pensais ne jamais me priver;

Mais avec le temps, mes priorités ont changé et je suis toujours en vie;

Un jour le souffle de vie te sera retiré;

Et ainsi, tu comprendras que la douleur,

Ce n'est pas ce que tu penses;

Parce que lorsque la mort frappe :

Tout ce à quoi tu penses c'est :

J'espère aller au ciel et que ma vie a compté;

Finalement, tout ce qui semblait être important ne l'est plus;

Dis-moi :

Quelle est cette chose qui te fait encore mal jusqu'à aujourd'hui?

Cette chose te fait tellement mal que tu n'arrives pas à être reconnaissant;

Si tu réfléchis bien, ce n'est pas si important;

Ne gâche pas ta vie avec des regrets et des remords;

C'est comme dire que tu ne vaux plus la peine;

C'est comme dire que c'est fini pour toi;

Or, tant que tu vis, il y a de l'espoir;

Accroche-toi à ce qu'il y a de beau et de vrai dans ta vie;

Cela te donnera au moins une raison de vivre et sourire;

25. La Restauration !!!

Comment je peux m'exprimer ?
Comment je peux t'expliquer ?
Comment je peux décrire ?
Tu es grand, Tu es bon, Tu es extraordinaire !
Qui dans ce monde est comme toi ?
Qui dans ce monde peut être comparé à toi ?
Quand je pleure, tu me consoles !
Quand je me trompe, tu me remets dans le chemin,
Quand je ris, tu es la source de ma joie ;
Quand je tombe, tu me relèves !
Quand je m'angoisse, tu me rassures ;
Quand je suis malade, tu me guéris ;
Quand je ne comprends pas, tu m'expliques ;
Quand j'ai besoin de parler, tu m'écoutes ;
Mon cœur était brisé ;
Mon cœur était en mille morceaux ;
Mon cœur pleurait nuit et jour ;
Pendant six ans pour le même mal ;
Pendant six ans je souffrais ;
Pendant six ans j'étais en colère ;
Pendant six ans j'étais incomprise ;
Mais en une semaine, tu as tout changé !
Mais en une semaine, tu as restauré !
Mais en une semaine, tu as tout simplement fait !
Vers qui je pourrais encore me tourner après cela !

Maintenant, mon cœur est reconstruit ;
Maintenant, mon cœur rit de nouveau ;
Maintenant, je suis en paix ;

26. Le choix !!!

Les choix que je fais aujourd'hui, détermineront mon avenir ;

Les choix que j'ai faits, ont fait de moi ce que je suis aujourd'hui ;

À chaque fois que j'ai dû prendre une décision qui allait changer ma vie,

Mon passé me rattrapait toujours, il essayait de me ramener en arrière ;

Mais il y a cette chanson qui dit :

« Je ne serais plus la même, j'ai changé, j'ai fermé cette porte,

Je ne retournerais plus en arrière, je cours pour cette course »

Ton passé ne déterminera jamais qui tu es, puisque c'est passé ;

Il influence seulement ton présent et très vite ce présent devient passé ;

Alors pourquoi rester dans le passé, quand tu peux vivre dans ton présent qui est le futur ?

Cela a l'air étrange, mais quand on réfléchit bien,

Tu marches avec Dieu, il te révèle les choses à venir ;

La foi, c'est de voir ce qui n'est pas comme si ça l'était ;

Donc, pour voir ces choses, tu dois déjà commencer à les vivre ;

Or, tu ne les vois pas, mais cela dépendra seulement du choix que tu feras ;

Sois comme cette fille qui a décidé de vivre son futur dans le présent ;

Appelle les choses à leur existence et décide qu'elles sont déjà devant toi ;

Tous les jours, tu as un choix à faire et cela ne concerne que Dieu et toi ;

Ne mêle pas les autres à tes décisions,

Tu seras la seule personne à en subir les conséquences ;

Tu seras la seule personne à bénéficier ou perdre ;

Le résultat que tu reçois sera le fruit d'une décision que tu auras prise ;

Ce que tu sèmes, tu le récoltes, ce que tu fais, ce que tu dis,

Tout est récolté au centuple ; Si tu es égoïste ou égocentrique,

Tu le récolteras aussi ;

Ne blâme pas les gens parce que tu reçois ce que tu donnes ;

Ne fais tout simplement pas aux autres ce que tu ne veux pas qu'on te fasse ;

Ne blâme pas les autres de ne pas te donner ce que tu attends,

Si toi tu ne donnes pas avant ;

Il y a une phrase qu'une personne m'a toujours dite :

« J'ai semé la première graine, maintenant c'est à toit de faire le pas »

Ce que tu sèmes, tu le récolteras toujours, même si les intentions sont bonnes ;

Tu es responsable de tes choix ;

La personne que tu bâtis aujourd'hui tu devras vivre avec !!!

27. 2010

Galates 2:20 dit :

«J'ai été crucifié avec Christ et si je vis ce n'est plus moi qui vis,

C'est Christ qui vit en moi, si je vis maintenant dans la chair,

Je vis dans la foi au Fils de Dieu qui m'a aimé et qui s'est livré lui-même pour moi»

L'année passée Seigneur, je t'ai demandé des choses;

L'année passée, j'ai murmuré;

L'année passée, je n'ai pas écouté;

L'année passée c'était moi;

Cette année, je me livre pour toi;

Cette année, je meurs pour toi;

Cette année, Je te donne ce que tu me demandes;

Cette année, c'est toi d'abord;

Je n'ai pas de résolutions, je n'ai aucune demande;

Ce que je désire du plus profond de mon cœur,

C'est que tu t'investisses en moi;

Ce que je désire c'est faire ta volonté;

Ce que je désire c'est d'être un avec toi;

L'année passée, j'ai souvent couru après les autres;

L'année passée, je voulais plaire aux autres;

Cette année je cours, mais là où toi tu veux;

Cette année je veux te plaire à toi seul;

Je ferais ce que toi tu me dis, sans crainte;

Je dirais ce que toi tu veux sans avoir peur;

Car là où il y a l'Esprit de Dieu, il y a la liberté;

J'apporterais ta lumière par où tu me diras de le faire ;
L'année passée j'ai mis ma confiance dans les autres ;
Les autres m'ont déçu et je me suis éloignée de toi ;
Cette année, je mets ma totale confiance en toi ;
Parce que l'an passé, j'ai expérimenté ta fidélité ;
Tu ne trompes pas, tu ne mens pas, tu es tout simplement fidèle ;
Alors oui, vit en moi que les autres te voient en moi ;
Car chaque jour, je ne serai plus la même !!
Car chaque jour, je t'aimerais davantage ;
Car chaque jour, je te mettrai à ta place !!!
Merci pour cette année !!!
2010 : C'est Christ qui vit en moi !!!

28. Péripétia

Elle avait quatre ans;
Elle s'appelait Diana;
Elle venait de perdre un être cher pour sa mère;
Elle ne l'avait pas encore réalisé,
Mais cet évènement allait bouleverser sa vie;
Ça a commencé par la maladie, les accidents;
Cela semblait normal et naturel;
Tout ce qu'elle entendait c'était ça va aller!
Ça fait partie de la vie, il ne faut pas trop s'en faire;
Était-ce normal de vivre tout cela?
Est-ce que quelqu'un pensait à son cœur ou son âme?
Dans la vie d'un enfant, il y a la joie, l'amour et l'espoir;
Mais pas dans la vie de Diana;
Elle a grandi avec mort comme compagnon,
Elle a joué avec douleur comme confidente,
Elle a jonglé avec accidents comme habitude;
Elle ignorait qu'un évènement pouvait déclencher tant de choses;
Elle ignorait qu'une action pouvait engendrer tant de réactions;
Un jour, un déclic :
Elle s'est dit et si je changeais d'amis?
Mort, douleurs et accidents, au revoir!
Pendant un temps, ça allait, mais en grandissant,
Trahison est tombé amoureux d'elle;
Rejet a marqué son cœur;

Méchanceté a envahi son âme ;

Que faire alors ?

Une seule solution :

L'alcool pour oublier tout cela ;

Le temps d'un verre pour rompre avec cet amoureux (trahison)

Elle a tout fait pour s'en débarrasser,

Mais il a apporté maladie qui a failli la conduire au suicide ;

Ça y est, la décision était prise : En finir

Mais il s'est passé quelque chose ;

Elle a découvert amour ;

Il était différent : Il venait avec douceur, compassion, fidélité et patience ;

Presqu'à l'âge adulte, Diana n'avait jamais rencontré d'amis comme lui ;

Comme une action dans son enfance avait bouleversé sa vie,

Une autre action a rétabli l'équilibre ;

Son regard avait quelque chose d'imposant, mais de doux ;

Quand il parlait, ces mots guérissaient son cœur ;

Elle remarquait qu'il était différent,

Et qu'elle pouvait retrouver son innocence violée ;

Amour lui a redonné une force

Et une foi de croire que réellement tout peut s'arranger mais pour le bien ;

Depuis, elle n'a pas voulu se séparer de lui ;

Elle tente bien que mal de s'y accrocher ;

Table des matières